SPINOZA.

DISCOURS

prononcé à la Haye le 21 février 1877, à l'occasion du 200e anniversaire de sa mort,

PAR

ERNEST RENAN.

LA HAYE,
MARTINUS NIJHOFF.
1877.

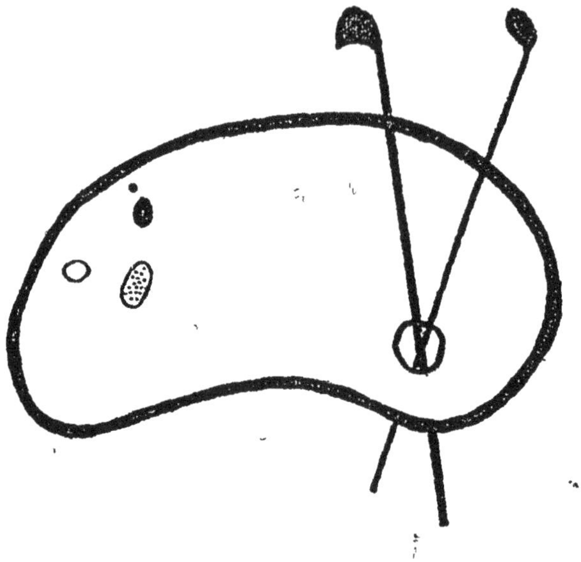

FIN D'UNE SERIE DE DOCUMENTS
EN COULEUR

SPINOZA.

DISCOURS DE M. ERNEST RENAN.

DE L'IMPRIMERIE DES FRÈRES GIUNTA D'ALBANI A LA HAYE.

SPINOZA.

DISCOURS

prononcé à la Haye le 21 février 1877, à l'occasion du 200e anniversaire de sa mort,

PAR

ERNEST RENAN.

LA HAYE,
MARTINUS NIJHOFF.
1877.

Publie au profit de l'Œuvre de la statue
à ériger à Spinoza.

MONSEIGNEUR,
MESDAMES ET MESSIEURS,

Il y a donc aujourd'hui deux cents ans que dans l'après-midi, à peu près à l'heure qu'il est, expirait à quarante-trois ans, sur le quai paisible du Pavilioensgracht, à quelques pas d'ici, un pauvre homme dont la vie avait été si profondément silencieuse que son dernier soupir fut à peine entendu. Il habitait une chambre écartée, chez de braves hôteliers, qui, sans le comprendre, avaient pour lui une vénération instinctive. Le matin de son dernier jour, il descendit selon son habitude chez ses hôtes; c'était un jour de service religieux; le doux philosophe s'entretint avec ces bonnes gens de ce qu'avait dit le ministre, l'approuva fort et leur conseilla de s'y conformer. L'hôte et l'hôtesse (nommons-les, Messieurs; ils ont, par leur honnête sincérité, leur place en cette belle idylle de La Haye, racontée par Colerus), le mari et la femme Van der Spyk retournèrent à leurs dévotions. Quand ils revinrent chez eux, leur paisible locataire était mort. L'enterrement eut lieu le 25 février, comme s'il se fût agi d'un fidèle du Christ, dans la Nouvelle Église sur le Spui. Tous les gens du quartier regrettèrent fort la disparition du sage qui avait vécu au milieu d'eux comme l'un d'eux. Ses hôtes gardèrent son souvenir comme une religion, et ceux qui l'avaient approché ne parlaient jamais de lui sans l'appeler, selon l'usage, « le bienheureux Spinoza. »

Qui aurait pu vers le même temps démêler le courant d'opinion qui s'établissait dans les cercles prétendus éclairés du pharisaïsme d'alors, aurait vu, par un étrange contraste, ce philosophe, si aimé des simples et de ceux qui avaient le cœur pur, devenir l'épouvantail de l'étroite orthodoxie qui prétendait avoir le privilége de la vérité. Un scélérat, une peste, un suppôt de l'enfer, le plus méchant athéiste qui fut jamais, un homme couvert de crimes, voilà ce que devint dans l'opinion des théologiens et des philosophes bien pensants le solitaire du Pavilioensgracht. Des portraits de lui se répandirent, où on le montrait « portant sur son visage les signes de la réprobation ». Un grand philosophe, aussi hardi que lui, mais moins conséquent et moins complétement sincère, l'appela « un misérable ». Mais la justice eut son tour. L'esprit humain, en arrivant vers la fin du XVIIIe siècle, surtout en Allemagne, à une théologie plus éclairée et à une philosophie plus large, reconnut en Spinoza le précurseur d'un Évangile nouveau. Jacobi mit le public dans la confidence d'une conversation qu'il avait eue avec Lessing. Il était allé chez Lessing dans l'espérance que celui-ci lui viendrait en aide contre Spinoza. Quel est son étonnement quand il trouve dans Lessing un spinoziste avoué ! «Ἓν καὶ πᾶν», lui dit ce dernier, voilà toute la philosophie. Celui qu'un siècle entier a proclamé athée, Novalis le trouve « ivre de Dieu ». Ses livres oubliés, on les publie, on les recherche avidement. Schleiermacher, Gœthe, Hegel, Schelling proclament tous d'une seule voix Spinoza le père de la pensée moderne. Il y eut peut-être quelque exagération dans ce premier élan de réparation tardive; mais le temps, qui met tout à sa place, a consacré au fond l'arrêt de Lessing, et il n'est plus aujourd'hui un esprit éclairé qui ne salue dans Spinoza l'homme qui eut à son heure la plus haute conscience du divin. C'est dans cette pensée, Messieurs, que vous avez voulu que cette tombe humble et pure eût son anniversaire. C'est l'affirmation commune d'une foi libre dans l'infini que réunit en ce jour, dans ce lieu témoin de tant de vertu, la réunion la plus choisie qu'un homme de génie puisse grouper autour de lui après sa mort. Une souveraine aussi distinguée par les dons de l'intelligence que par ceux de l'âme, est présente en esprit au milieu de nous. Un prince, juste appréciateur de tous les mérites a voulu, en faisant par sa présence l'éclat de cette solennité, témoigner qu'aucune des gloires de la Hollande ne lui est étrangère et qu'il n'y a pas de pensée si élevée qui échappe à son jugement éclairé, à sa philosophique admiration.

I

L'illustre Baruch de Spinoza naquit à Amsterdam au moment où votre république atteignait le plus haut degré de sa gloire et de sa puissance. Il appartenait à cette grande race qui, par l'influence qu'elle a exercée et par les services qu'elle a rendus, occupe une place si exceptionnelle dans l'histoire de la civilisation. Miracle à sa manière, le développement du peuple juif prend place immédiatement à côté de cet autre miracle, le développement de l'esprit grec; car si la

Grèce a réalisé d'abord l'idéal de la poésie, de la science, de la philosophie, de l'art, de la vie profane, si j'ose m'exprimer ainsi, le peuple juif a fait la religion du genre humain. Ses prophètes inaugurèrent dans le monde l'idée de justice, la revendication des droits du faible, revendication d'autant plus âpre que, toute idée de rénumérations futures leur étant étrangère, ils rêvaient sur cette terre et dans un avenir prochain la réalisation de l'idéal. Un juif, Isaïe, 750 ans avant Jésus-Christ, ose dire que les sacrifices sont de peu de conséquence et qu'une seule chose importe, la pureté du cœur et des mains. Puis, quand les événements de la terre semblent contrarier d'une façon irrémédiable ces brillantes utopies, Israël a des volte-face sans pareilles. Transportant dans le domaine de l'idéalisme pur ce royaume de Dieu que la terre ne comporte pas, une moitié de ses fils fonde le christianisme; une autre continue, à travers les bûchers du moyen-âge, cette imperturbable protestation : « Écoute, Israël; Jehovah, ton dieu, est unique; saint est son nom. » Cette puissante tradition d'idéalisme et d'espérance contre tout espoir, cette religion qui obtient de ses adhérents les plus héroïques sacrifices sans qu'il soit dans son essence de leur rien promettre de certain au delà de la vie, fut le milieu sain et fortifiant, dans lequel se développa Spinoza. Son éducation fut d'abord tout hébraïque : cette grande littérature d'Israël fut sa première et, à vrai dire, sa perpétuelle maîtresse, la méditation de toute sa vie.

Comme il arrive d'ordinaire, la littérature hébraïque, en prenant le caractère d'un livre sacré, était devenue le sujet d'une exégèse conventionnelle, où il s'agissait bien moins d'expliquer les vieux textes au sens de leurs auteurs, que d'y trouver un aliment pour les besoins moraux et religieux des temps. L'esprit pénétrant du jeune Spinoza vit bientôt tous les défauts de l'exégèse de la synagogue; la Bible qu'on lui enseignait était défigurée par plus de deux mille ans de contre-sens accumulés. Il voulut percer au delà. Au fond, il était avec les vrais pères du judaïsme, et en particulier avec ce grand Maimonide, qui avait trouvé moyen d'introduire dans le judaïsme les plus fortes hardiesses de la philosophie. Il entrevoyait avec une sagacité merveilleuse les grands résultats de l'exégèse critique qui devait, cent vingt-cinq ans plus tard, donner l'intelligence véritable des plus belles œuvres du génie hébreu. Était-ce là détruire la Bible? A-t-elle perdu, cette littérature admirable, à être dans sa physionomie réelle, plutôt que reléguée hors des lois communes de l'humanité? Non, certes. Les vérités révélées par la science dépassent toujours les rêves que la science détruit. Le monde de Laplace l'emporte, j'imagine, en beauté, sur celui d'un Cosmas Indicopleustès, se figurant l'univers comme un coffre, sur le couvercle duquel les étoiles filent dans des rainures à quelques lieues de nous. La Bible, de même, est plus belle quand on sait y voir échelonnés, sur un canevas de mille années, chaque aspiration, chaque soupir, chaque prière de la plus haute conscience religieuse qui fut jamais, que quand on s'oblige à y trouver un livre comme il n'y en eut jamais, rédigé, conservé, interprété au rebours de toutes les règles ordinaires de l'esprit humain.

Mais les persécutions du moyen-âge avaient produit dans le judaïsme l'effet ordinaire des persécutions; elles avaient rendu les esprits étroits et timides. Quelques années auparavant, à Amsterdam, l'infortuné Uriel

Acosta avait expié cruellement des hésitations que le fanatisme trouve aussi coupables que l'incrédulité avouée. Les hardiesses du jeune Spinoza furent encore plus mal reçues; on l'anathématisa, et il dut se soumettre à une excommunication qu'il n'avait pas recherchée. Bien vieille histoire, Messieurs, que celle-là! Les communions religieuses, berceaux bienfaisants de tant de sérieux et de vertus, n'admettent pas qu'on ne se renferme point exclusivement dans leur sein; elles ont la prétention d'emprisonner à jamais la vie qui a pris chez elles ses commencements; elles traitent d'apostasie la légitime émancipation de l'esprit qui cherche à voler seul. On croit entendre l'œuf accuser d'ingratitude l'oiseau qui s'en est échappé; l'œuf a été nécessaire à sa date, puis il devient une gêne; il faut qu'il soit brisé. Merveille vraiment qu'Érasme de Rotterdam se soit trouvé à l'étroit dans sa cellule, que Luther n'ait pas préféré ses vœux de moine au vœu bien autrement saint que tout homme a contracté par le seul fait de son être envers la vérité! C'est dans le cas où Érasme eût persisté dans sa routine monastique, où Luther eût continué à distribuer des brevets d'indulgence, qu'ils eussent été des apostats. Spinoza a été le plus grand des juifs modernes, et le judaïsme l'a exilé; rien de plus simple; cela devait être; cela sera toujours. Les symboles finis, prison de l'esprit infini, protestent éternellement contre l'effort de l'idéalisme pour les élargir. L'esprit, de son côté, lutte éternellement pour avoir plus d'air et de jour. Il y a dix-huit cent cinquante ans, la synagogue déclara séducteur celui qui devait faire la fortune sans égale des maximes de la synagogue. Et l'Église chrétienne, combien de fois n'a-t-elle pas chassé de son sein ceux qui devaient lui faire le plus d'honneur? Le devoir en pareil cas est accompli, Messieurs, quand on garde un pieux souvenir de l'éducation qu'on a reçue dans son enfance. Libre aux vieilles Églises vieillies d'accuser d'attentat celui qui les quitte; elles ne réussiront pas à obtenir de nous un autre sentiment que celui de la reconnaissance; car, après tout, le mal qu'elles peuvent nous faire n'est rien auprès du bien qu'elles nous ont fait.

II

Voilà donc l'excommunié de la synagogue d'Amsterdam, forcé de se créer une demeure spirituelle hors de la maison qui ne voulait plus de lui. Il avait les plus grandes sympathies pour le christianisme; mais il craignait toutes les chaînes; il ne l'embrassa pas. Descartes venait de renouveler la philosophie par son rationalisme ferme et sobre; Descartes fut son maître; il prit les problèmes où les avait portés ce grand esprit: il vit que sa théologie, par crainte de la Sorbonne, était restée toujours un peu sèche. Oldenburg lui demandant un jour quel défaut il trouvait à la philosophie de Descartes et de Bacon, Spinoza répondit que le principal était qu'ils ne s'occupaient pas assez de la cause première. Peut-être ses souvenirs de théologie juive, cette antique sagesse des Hébreux devant laquelle il s'incline fréquemment, lui suggéraient-ils à cet égard des vues plus hautes, des aspirations plus ambitieuses. Non-seulement les idées du vulgaire, mais même celles des penseurs sur la divinité lui parurent insuffisantes: il vit bien qu'on ne saurait faire à l'infini une part limitée, que la divinité est tout ou rien, que si le divin est quelque chose, il doit tout pénétrer. Durant vingt ans, il médita sur ces problèmes sans en détacher un moment sa pensée. Le dégoût des systèmes et des formules abstraites ne nous permet plus aujourd'hui d'accepter d'une manière absolue les propositions dans lesquels il crut enfermer les secrets de l'infini. L'univers pour Spinoza, comme pour Descartes, n'était qu'étendue et pensée; la chimie et la physiologie manquaient à cette grande école, trop exclusivement géométrique et mécanique. Étranger à l'idée de la vie et aux notions sur la constitution des corps que la chimie devait révéler, trop attaché encore aux expressions scolastiques de substance et d'attribut, Spinoza n'arriva point à cet infini vivant et fécond que la science de la nature et de l'histoire nous montre présidant dans l'espace sans bornes à un développement toujours de plus en plus intense; mais, à part quelque sécheresse dans l'expression, quelle grandeur dans cette inflexible déduction géométrique, aboutissant à la proposition suprême: « Il est de la nature de la substance de se développer nécessairement par une infinité d'attributs infinis, infiniment modifiés! » Dieu est ainsi la pensée absolue, la conscience universelle. L'idéal existe, il est même la vraie existence; le reste n'est qu'apparence et frivolité. Les corps et les âmes sont de purs modes, dont Dieu est la substance; il n'y a que les modes qui tombent dans la durée; la substance est toute dans l'éternité. De la sorte, Dieu ne se prouve pas, son existence résulte de son idée seule; tout le contient et le suppose. Dieu est la condition de toute existence, de toute pensée. Si Dieu n'existait pas, la pensée pourrait concevoir plus que la nature ne pourrait fournir, ce qui est contradictoire.

Spinoza ne vit pas clairement le progrès universel; le monde comme il le conçoit semble cristallisé en quelque sorte, dans une matière qui est l'étendue incorruptible, dans une âme qui est la pensée immuable; le sentiment de Dieu lui enlève le sentiment de l'homme; sans cesse en face de l'infini, il n'aperçut pas suffisamment ce qui se cache de divin dans les manifesfations relatives; mais il vit mieux que personne, l'éternelle identité qui sert de base à toutes les évolutions passagères. Tout ce qui est borné lui sembla frivole et indigne d'occuper un philosophe. D'un vol hardi, il atteignit les hauts sommets couverts de neige, sans avoir un regard pour le riche épanouissement de vie qui se produit au flanc de la montagne. A cette hauteur, où toute autre poitrine que la sienne devient haletante, il vit, il jouit; il s'y épanouit comme fait le commun des hommes dans les molles régions tempérées. Ce qu'il lui faut à lui, c'est l'air du glacier, avec son âpreté forte et pénétrante. Il ne demande pas qu'on lui suive; il est comme Moïse, à qui se révèlent sur la montagne des secrets inconnus au vulgaire; mais, croyez-le Messieurs, il a été le Voyant de son âge; il a été à son heure celui qui a vu le plus profond en Dieu.

III

On croirait qu'isolé sur ces cimes neigeuses, il était dans les choses humaines un esprit faux, un utopiste, ou un sceptique dédaigneux? Il n'en était rien, Messieurs. L'application de ses principes aux sociétés humaines le préoccupait sans cesse. Le pessimisme de Hobbes et les rêves de Thomas Morus lui répugnaient également. Une moitié au moins du *Traité-théologico-politique*, paru en 1670, pourrait être réimprimée aujourd'hui sans rien perdre de son à-propos. Écoutez ce titre admirable : *Tractatus theologico-politicus, continens dissertationes aliquot quibus ostenditur libertatem philosophandi non tantum salva pietate et reipublicæ pace posse concedi sed eamdem nisi cum pace reipublicæ ipsaque pietate coli non posse.* On s'imaginait depuis des siècles que la société repose sur des dogmes métaphysiques; Spinoza voit avec profondeur que les dogmes prétendus nécessaires à l'humanité ne sauraient échapper à la discussion; que la révélation même, s'il y en a une, traversant pour arriver jusqu'à nous, les facultés de l'esprit humain, n'échappe pas plus que le reste à la critique. Je voudrais pouvoir vous citer tout entier cet admirable chapitre XX, où notre grand publiciste établit avec une supériorité magistrale ce dogme, nouveau alors, contesté encore aujourd'hui, qui s'appelle la liberté de conscience : « La fin dernière de l'État », dit-il, « est non pas de dominer les hommes, de les retenir par la crainte, de les soumettre à la volonté d'autrui, mais, tout au contraire, de permettre à chacun autant que possible de vivre en sécurité, c'est-à-dire de conserver intact le droit naturel qu'il a de vivre sans dommage ni pour lui ni pour autrui. Non, dis-je, l'État n'a pas pour fin de transformer les hommes d'êtres raisonnables en animaux ou en automates; il a pour fin de faire en sorte que les citoyens développent en sécurité leur corps et leur esprit, fassent librement usage de leur raison. La fin de l'État, c'est donc véritablement la liberté.... Quiconque veut respecter les droits du souverain ne doit jamais agir en opposition avec ses décrets; mais chacun a le droit de penser ce qu'il veut et de dire ce qu'il pense, pourvu qu'il se borne à parler et à enseigner au nom de la pure raison, et qu'il n'essaye pas, de son autorité privée, d'introduire des innovations dans l'Etat. Par exemple, un citoyen démontre qu'une certaine loi répugne à la saine raison, et, il pense qu'elle doit être pour ce motif abrogée; s'il soumet son sentiment au jugement du souverain, auquel seul il appartient d'établir et d'abolir les lois, et si pendant ce temps il n'agit en rien contre la loi, certes il mérite bien de l'État comme le meilleur citoyen....»

«....Admettons qu'il soit possible d'étouffer la liberté des hommes et de leur imposer le joug, à ce point qu'ils n'osent pas même murmurer quelques paroles sans l'approbation du souverain, jamais, à coup sûr, on n'empêchera qu'ils ne pensent selon leur libre volonté. Que suivra-t-il donc de là? C'est que les hommes penseront d'une façon, parleront d'une autre, que par conséquent la bonne foi, vertu si nécessaire à l'État se corrompra, que l'adulation, si détestable, et la perfidie seront en honneur, entraînant avec elles la décadence de toutes les bonnes et saines habitudes.... Quoi de plus funeste pour un État que d'exiler comme des méchants d'honnêtes citoyens, parce qu'ils n'ont pas les opinions de la foule et qu'ils ignorent l'art de feindre! Quoi de plus fatal que de traiter en ennemi et d'envoyer à la mort des hommes qui n'ont commis d'autre crime que celui de penser avec indépendance! Voila donc l'échafaud, épouvante des méchants, qui devient le glorieux théâtre où la tolérance et la vertu brillent dans tout leur éclat et couvrent publiquement d'opprobre la majesté souveraine. A coup sûr, on ne saurait apprendre à ce spectacle qu'une seule chose, c'est à imiter ces nobles martyrs, ou, si l'on craint la mort, à se faire le lâche flatteur du pouvoir. Rien n'est donc si périlleux que de rapporter et de soumettre au droit divin des choses de pure spéculation et d'imposer des lois aux opinions qui sont ou peuvent être un sujet de discussion parmi les hommes. Que si le droit de l'État se bornait à réprimer les actes en laissant l'impunité aux paroles, les controverses ne tourneraient pas si souvent en séditions.»

Plus sage que tant de prétendus hommes pratiques, notre spéculatif voit parfaitement qu'il n'y a de gouvernement durable que les gouvernements raisonnables, et qu'il n'y a de gouvernements raisonnables que les gouvernements tempérés. Loin d'absorber l'individu dans l'État, il crée à celui-ci de solides garanties contre l'omnipotence de l'État. Ce n'est pas un révolutionnaire, c'est un modéré; il transforme, il explique, mais il ne détruit pas. Son Dieu n'est pas de ceux qui se plaisent aux cérémonies, aux sacrifices, à l'odeur de l'encens, et pourtant Spinoza n'entend nullement ruiner la religion; il a pour le christianisme une vénération profonde, un tendre et sincère respect. Le surnaturel n'a pas de sens dans sa doctrine; d'après ses principes, quelque chose qui serait hors de la nature serait hors de l'être, et par conséquent ne se pourrait concevoir; les révélateurs, les prophètes ont été des hommes comme les autres: « Ce n'est point penser, dit-il, c'est rêver, que de croire que les prophètes ont eu un corps humain et n'ont pas eu une âme humaine, et par conséquent que leur science et leurs sensations ont été d'une autre nature que la nôtre.» Le prophétisme n'a pas été l'apanage d'un seul peuple, du peuple juif. La qualité de Fils de Dieu n'a pas été le privilége d'un seul homme. «...Pour vous montrer ouvertement ma pensée, je dis qu'il n'est pas absolument nécessaire pour le salut de connaître le Christ selon la chair; mais il en est tout autrement si l'on parle de ce fils de Dieu, c'est-à-dire de cette éternelle sagesse de Dieu qui s'est manifestée en toutes choses et principalement dans l'âme humaine et plus encore que partout ailleurs dans Jésus-Christ. Sans cette sagesse, nul ne peut parvenir à l'état de béatitude, puisque seule elle nous enseigne ce que c'est que le vrai et le faux, le bien et le mal.... Quant à ce qu'ajoutent certaines Églises.... j'ai expressément averti que je ne savais point ce qu'elles veulent dire, et, pour parler franchement, j'avouerai qu'elles me semblent tenir le même langage que si l'on prétendait dire qu'un cercle a revêtu la nature d'un carré.» Schleiermacher disait-il autre chose, et Spinoza, fondateur avec Richard Simon de l'exégèse biblique de l'Ancien Testament, n'est-il pas en même temps le précurseur des théologiens libéraux qui, de nos jours, ont montré que le christianisme pouvait garder tout son éclat sans le surnaturel? Ses lettres à Oldenburg sur la résurrection de Jésus-Christ et sur la manière dont saint Paul l'entendait, sont des chefs-d'œuvre qui, cent cinquante ans plus tard, auraient passé pour le manifeste de toute une école de théologie critique.

Peu importe, aux yeux de Spinoza, qu'on entende les mystères de telle ou telle façon, pourvu qu'on les entende dans un sens pieux; la religion n'a qu'un but, la piété; ce qu'il faut lui demander, ce n'est pas de la métaphysique, ce sont des directions pratiques. Au fond, il n'y a qu'une seule chose dans l'Écriture comme dans toute révélation: «Aimez votre prochain.» Le fruit de la religion c'est la béatitude; chacun y participe dans une mesure proportionnelle à sa capacité et à ses efforts. Les âmes que la raison gouverne, les âmes philosophiques qui, dès ce monde vivent en Dieu, sont à l'abri de la mort; ce que la mort leur ôte n'est d'aucun prix; mais les âmes faibles ou passionnées périssent presque tout entières, et la mort au lieu d'être pour elles un simple accident, atteint jusqu'au fond de leur être... L'ignorant qui se laisse conduire par l'aveugle passion, est agité en mille sens divers par les causes extérieures, et ne jouit jamais de la véritable paix de l'âme; pour lui cesser de pâtir, c'est cesser d'être. Au contraire, l'âme du sage peut à peine être troublée. Possédant, par une sorte de nécessité éternelle, la conscience de soi-même et de Dieu et des choses, jamais il ne cesse d'être, et la véritable paix de l'âme, il la garde toujours.

Il ne supportait pas que l'on considérât sa tentative comme irreligieuse ou subversive. Le timide Oldenburg ne lui cachait pas que quelques-unes de ses opinions paraissaient à certains lecteurs tendre au renversement de la piété. «Tout ce qui s'accorde avec la raison», répondait Spinoza, «je le crois parfaitement utile à la pratique de la vertu.» La prétendue supériorité des conceptions lourdement positives en fait de religion et de vie future le trouvait intraitable. «Est-ce rejeter toute religion, je le demande», disait-il, «que de reconnaître Dieu comme le souverain bien et de penser qu'à ce titre il le faut aimer d'une âme libre. Soutenir que toute notre félicité, que la plus haute liberté consiste dans cet amour, que le prix de la vertu c'est la vertu même, et qu'une âme aveugle et impuissante trouve son supplice dans son aveuglement... est-ce là renier toute religion?» Au fond de telles attaques, il voyait des sentiments pleins de bassesse. Celui qui s'irrite contre la religion désintéressée avouait selon lui que la raison et la vertu n'avaient à ses yeux aucun attrait, et que son bonheur serait de vivre au gré de ses passions, s'il n'était retenu par la crainte. «Ainsi donc», ajoutait-il, «il ne s'abstient du mal et n'obéit au divin commandement qu'à regret, comme ferait un esclave, et, pour prix de cet esclavage, il attend de Dieu des récompenses qui ont infiniment plus de valeur à ses yeux que l'amour divin. Plus il aura ressenti d'aversion et d'éloignement pour le bien, plus il espère être récompensé, et il se figure que ceux qui ne sont pas retenus par la même crainte que lui font ce qu'il ferait, c'est-à-dire vivent sans loi!» Il trouvait avec raison que cette manière de gagner le ciel ne faisait juste ce qu'il faut pour mériter l'enfer était le contraire de la raison, et qu'il y a quelque chose d'absurde à prétendre gagner Dieu, en lui avouant que, si on n'avait pas peur de lui, on ne l'aimerait pas.

IV

Il sentait les dangers de toucher à des croyances où peu de personnes admettent ces subtiles distinctions. *Caute* était sa devise; ses amis lui ayant fait comprendre quelle explosion allait produire *l'Éthique*, il la garda inédite jusqu'à sa mort. Il n'avait aucun amour-propre littéraire et ne recherchait pas la célébrité, peut-être, à vrai dire, parce qu'il était sûr de l'avoir sans la chercher. Il était parfaitement heureux; il l'a dit, croyons-le sur parole. Il a fait mieux encore, il nous a laissé son secret. Écoutez, écoutez, Messieurs, la recette du « prince des athées », pour trouver le bonheur. C'est l'amour de Dieu. Aimer Dieu, c'est vivre en Dieu. La vie en Dieu est la meilleure et la plus parfaite, parce qu'elle est la plus raisonnable, la plus heureuse, la plus pleine, en un mot, parce qu'elle nous donne plus d'être que tout autre vie, et satisfait plus complétement le désir fondamental qui constitue notre essence.

Sa vie pratique fut entièrement réglée sur ces maximes. Cette vie fut un chef-d'œuvre de bon sens et de jugement. Elle fut conduite avec cette profonde habileté du sage, qui ne veut qu'une seule chose et finit toujours par l'obtenir. Jamais politique ne combina si bien un but avec les moyens de l'atteindre. Moins réservé, il aurait peut-être eu le sort du malheureux Acosta. Comme il aimait la vérité pour elle-même, il était indifférent aux injures que lui attirait sa constance à la dire; il ne répondit jamais un mot aux attaques dont il fut l'objet. Il n'attaqua jamais personne. « Il est contraire à mes habitudes », disait-il, « de chercher à découvrir les erreurs où les autres sont tombés. » S'il eût voulu être un personnage officiel, sa vie eût sans doute été traversée par la persécution et du moins par la disgrâce. Il ne fut rien et ne voulut être rien. *Ama nesciri* fut sa devise, comme à l'auteur de l'Imitation. Il sacrifia tout au repos de sa pensée, et en cela il n'était pas égoïste, car cette pensée importait à tous. Il repoussa plusieurs fois la richesse qui venait vers lui et ne voulut que le nécessaire. Le roi de France lui offrit une pension: il remercia; l'électeur Palatin lui offrit une chaire à Heidelberg: «Votre liberté sera entière, lui disait-on; car le prince est convaincu que vous n'en abuserez pas pour troubler la religion établie.» — «Je ne comprends pas bien», répondit-il, «dans quelles limites il faudra enfermer cette liberté de philosopher qu'on veut bien me donner, sous la condition de ne pas troubler la religion établie; et puis, ce que je donnerais à l'instruction de la jeunesse m'empêcherait d'avancer moi-même en philosophie. Je n'ai réussi à me procurer une vie tranquille qu'à condition de renoncer à toute espèce de leçons publiques". Il sentait que son devoir était de penser: il pensait en effet pour l'humanité, dont il devançait les idées de plus de cent ans.

Cette même habileté instinctive, il la portait dans toutes les relations de la vie; il sentait que l'opinion ne passe jamais à un homme deux hardiesses à la fois; étant libre-penseur, il se regarda comme obligé de vivre en saint. Mais je dis mal: cette vie douce et pure n'était-elle pas l'expression directe de sa conscience paisible et aimable? On se figurait alors l'athéiste comme un scélérat, armé de poignards. Spinoza fut toute sa vie humble, doux et pieux; ses adversaires avaient la naïveté de le trouver mauvais: ils auraient voulu qu'il eût vécu conformément au type consacré et que, traversant la vie en vrai démon incarné, il finit en désespéré; Spinoza souriait de cette prétention singulière et refusait, pour plaire à ses ennemis, de changer son genre de vie.

Il eut d'excellents amis, fut courageux lorqu'il fallut

l'être, protesta contre les fureurs populaires quand elles lui parurent injustes. Beaucoup de désillusions ne l'empêchèrent pas de rester fidèle au parti républicain; le libéralisme de ses opinions ne fut jamais à la merci des événements. Ce qui lui fait le plus d'honneur peut-être, c'est qu'il eut l'estime et l'affection sincère des êtres simples, qui vécurent autour de lui. Rien ne vaut l'estime des petits, Messieurs; leur jugement est presque toujours celui de Dieu. Pour les bons Van der Spyk, il fut évidemment l'idéal du parfait locataire. « On ne fut jamais moins gênant », dirent-ils quelques années après sa mort à Colerus. « Pendant qu'il restait au logis, il n'était incommode à personne; il passait la meilleure partie de son temps tranquillement dans sa chambre. Lorsqu'il lui arrivait de se trouver fatigué pour s'être trop attaché à ses médidations, il descendait et parlait à ceux du logis de tout ce qui pouvait servir de matière à un entretien ordinaire, même de bagatelles. » On ne vit jamais, en effet, voisin plus affable. Il conversait souvent avec son hôtesse, particulièrement dans le temps de ses couches, et avec ceux du logis; lorsqu'il leur survenait quelqu'affliction ou maladie. Il avertissait les enfants d'aller au service divin, et lorsqu'ils revenaient du sermon, il leur demandait ce qu'ils en avaient retenu. Il appuyait presque toujours hautement ce que le prédicateur avait dit. Une des personnes qu'il estimait le plus était le pasteur Cordes, homme excellent et qui expliquait bien l'Écriture; il allait quelquefois l'entendre et il engageait son hôte à ne jamais manquer la prédication d'un si habile homme. Son hôtesse lui demanda un jour si elle pouvait être sauvée dans la religion dont elle faisait profession: « Votre religion est bonne », lui répondit-il;

« vous n'en devez pas chercher d'autre, ni douter que vous n'y fassiez votre salut, pourvu qu'en vous attachant à la piété, vous meniez en même temps une vie paisible et tranquille. »

Il était admirablement sobre et bon ménager. Ses besoins journaliers étaint couverts par une profession manuelle, celle de polir des verres de lunettes, dans laquelle il devint fort habile. Les Van der Spyk remirent à Colerus des petits papiers où il marquait ses dépenses; elles s'élevaient en moyenne à quatre sous et demi par jour. Il avait grand soin d'ajuster ses comptes tous les quartiers, afin de ne dépenser ni plus ni moins que ce qu'il avait. Sa mise était simple, presque pauvre; mais sa personne respirait une sérénité tranquille. Il était clair qu'il avait trouvé la doctrine qui lui donnait le parfait contentement.

Il n'était jamais ni triste ni gai, et l'égalité de son humeur paraissait merveilleuse. Il eut peut-être un peu de tristesse le jour où la fille de son professeur Van den Ende lui préféra Kerkering; mais j'imagine qu'il se consola vite. « La raison est ma jouissance », disait-il, « et le but où j'aspire en cette vie, c'est la joie et la sérénité. » Il ne voulait pas qu'on fît l'éloge de la tristesse : « C'est la superstition », disait-il, « qui érige en bien la tristesse et en mal tout ce qui procure la joie. Dieu serait un envieux s'il se réjouissait de mon impuissance et du mal que je souffre. A mesure, en effet, que nous éprouvons une joie plus grande, nous passons à une plus grande perfection, et nous participons davantage de la nature divine.... La joie ne peut donc jamais être mauvaise, tant qu'elle est réglée par la loi de notre utilité véritable. La vie vertueuse n'est pas une vie triste et sombre, une vie de privations et d'austérité. Comment la divinité prendrait-elle plaisir au spectacle de ma faiblesse, m'imputerait-elle à bien des larmes, des sanglots, des terreurs, signe d'une âme impuissante». «Oui», ajoutait-il avec force, «il est d'un homme sage d'user des choses de la vie et d'en jouir autant que possible, de se réparer par une nourriture modérée et agréable, de charmer ses sens par le parfum et l'éclat verdoyant des plantes, d'orner même son vêtement, de jouir de la musique, des yeux, des spectacles et de tous les divertissements que chacun peut se donner sans dommages pour sa personne». On parle sans cesse du repentir, de l'humilité, de la mort: mais le repentir n'est point une vertu, c'est la conséquence d'une faiblesse; l'humilité ne l'est pas davantage, puisqu'elle naît pour l'homme de l'idée de son infériorité. Quant à la pensée de la mort elle est fille de la crainte, et c'est dans les âmes faibles qu'elle élit son domicile. «La chose du monde», disait-il, «à laquelle un homme libre pense la moins, c'est la mort. La sagesse est une méditation, non pas de la mort, mais de la vie.»

V

Depuis les jours d'Épictète et de Marc-Aurèle on n'avait pas vu une vie aussi profondément pénetrée par le sentiment du divin. Au XIIe, au XIIIe, au XIVe siècle, la philosophie rationaliste avait compté de très-grands hommes; elle n'avait pas eu de saints. Souvent quelque chose de repoussant et de dur s'était mêlé aux plus beaux caractères de la libre-pensée italienne. La religion avait été tout à fait absente de ces vies révoltées non moins contre les lois humaines que contre les lois divines, dont le dernier exemple fut celle du pauvre Vanini. Ici, c'est la religion qui produit la libre-pensée comme une partie de la piété. La religion, dans un tel système n'est pas une part de la vie, elle est la vie elle-même. Ce qui importe, ce n'est pas d'être en possession de quelque phrase métaphysique plus ou moins correcte, c'est de donner à sa vie un pôle certain, une direction suprême, l'idéal.

Par là votre illustre compatriote, Messieurs, a élevé un drapeau susceptible aujourd'hui encore d'abriter tout ce qui pense et tout ce qui sent avec noblesse. Oui, la religion est éternelle; elle répond au premier besoin de l'homme primitif aussi bien que de l'homme cultivé; elle ne périrait qu'avec l'humanité elle-même, ou plutôt sa disparition serait la preuve que l'humanité dégénérée s'apprête à rentrer dans l'animalité d'où elle est sortie. Et pourtant aucun dogme, aucun culte, aucune formule ne saurait de nos jours épuiser le sentiment religieux. Il faut maintenir en présence l'une de l'autre ces deux assertions en apparence contradictoires. Malheur à qui prétend que le temps des religions est passé! Malheur à qui s'imagine qu'on peut réussir à donner aux vieux symboles la force qu'ils avaient quand ils s'appuyaient sur l'imperturbable dogmatisme d'autrefois! Ce dogmatisme, il faut nous en passer; il faut nous passer de ces croyances arrêtées, sources de tant de luttes et de déchirements, mais aussi principes de convictions si ardentes; il faut renoncer à croire qu'il dépend de nous de maintenir les autres dans des croyances que nous ne partageons plus. Spinoza avait raison d'avoir horreur de l'hypocrisie; l'hypocrisie est lâche et malhonnête; mais surtout l'hypocrisie est inutile. En vérité, qui trompe-t-on ici? La persistance des classes supérieures à patroner sans réserve aux yeux des classes non cultivées les formes religieuses d'autrefois n'aura qu'un effet, c'est de ruiner leur autorité pour les jours de crise où il importe que le peuple croie encore à la raison et à la vertu de quelques-uns.

Honneur donc à Spinoza qui a osé dire: la raison avant tout; la raison ne saurait être contraire aux intérêts de l'humanité bien entendus. Mais à ceux qu'emportent des impatiences irréfléchies, rappelons que Spinoza ne conçut jamais la révolution religieuse que comme une transformation de formules. Le fond pour lui subsistait sous d'autres termes. Si, d'une part, il repoussa énergiquement le pouvoir théocratique d'un clergé conçu comme distinct de la société civile et la tendance de l'État à s'occuper de métaphysique, jamais, d'une autre part, il ne nia ni l'État, ni la Religion Il voulut l'État tolérant el la Religion libre. Nous n'en voulons pas davantage. On ne saurait imposer aux autres des croyances qu'on n'a pas. Que les croyants d'autrefois se fissent persécuteurs, ils étaient en cela tyranniques, mais du moins ils étaient conséquents; nous autres, en faisant comme eux, nous serions tout simplement absurdes. Notre religion, est un sentiment susceptible de revêtir des formes nombreuses. Ces formes sont loin de se valoir les unes les autres; mais aucune n'a la force, ni l'autorité de chasser les autres. Liberté, voilà le dernier mot de la politique religieuse de Spinoza. Que ce soit le dernier mot de la nôtre! C'est le parti le plus honnête; c'est peut-être en même temps le plus efficace et le plus sûr pour le progrès de la civilisation.

L'humanité, en effet, s'avance dans la voie du progrès d'un pas prodigieusement inégal. Le rude et violent Esaü s'impatiente des lenteurs qu'occasionnent les petits pas du troupeau de Jacob. Laissons le temps à tous. Ne permettons pas assurément à la naiveté et à l'ignorance, de gêner les libres mouvements de l'esprit; mais ne troublons pas non plus la lente évolution des consciences plus paresseuses. La liberté de l'absurde chez les uns est la condition de la liberté de la raison chez les autres. Les services rendus à l'esprit humain par la violence ne sont pas des services. Que ceux qui ne prennent pas au sérieux la vérité pratiquent la contrainte pour obtenir la soumission extérieure, rien de plus simple. Mais nous, qui croyons que la vérité est quelque chose de réel et de souverainement respectable, comment songerions-nous à obtenir par la force une adhésion qui n'a de prix que quand elle est le fruit d'une conviction libre. Nous n'admettons plus les formules sacramentelles, opérant par leur propre force, indépendamment de l'intelligence de celui à qui on en fait l'application. Pour nous une croyance n'a de valeur que quand elle a été conquise par la réflexion de l'individu, quelle est par lui comprise, qu'il se l'est assimilée. Une conviction amenée par ordre supérieur est un aussi parfait non-sens qu'un amour obtenu par force ou une sympathie commandée. Promettons-nous à nous-mêmes, Messieurs, que nous défendrons toujours notre liberté contre ceux qui voudraient y porter atteinte, mais aussi qu'au besoin nous défendrions la liberte de ceux qui n'ont pas toujours respecté la nôtre et qui probablement, s'il étaient les maîtres, ne le respecteraient pas.

C'est la Hollande, Messieurs, qui eut la gloire, il y a plus de deux cents ans, de démontrer la possibilité de ces théories, en les réalisant. « Faut-il prouver », dit Spinoza, « que cette liberté de pensée ne donne lieu à aucun inconvénient grave et qu'elle suffit à retenir des hommes ouvertement divisés de sentiments dans un respect réciproque de leurs droits? Les exemples abondent, et il ne faut pas aller les chercher bien loin; citons la ville d'Amsterdam, dont l'accroissement considérable, objet d'admiration pour les autres nations, n'est que le fruit de cette liberté. Au sein de cette florissante république, de cette ville éminente, tous les hommes de toute nation et de toute secte vivent entre eux dans la concorde la plus parfaite....., et il n'est point de secte si odieuse dont les adeptes, pourvu qu'ils ne blessent le droit de personne, n'y trouvent publiquement aide et protection devant les magistrats ». Descartes était du même avis quand il venait demander à votre pays le calme nécessaire à sa pensée. Puis, grâce à ce noble privilége de terre libre que vos pères sûrent glorieusement maintenir contre tous, votre Hollande devint l'asile où l'esprit humain, à l'abri de toutes les tyrannies qui couvraient l'Europe, trouva de l'air pour respirer, un public pour le comprendre, des organes pour multiplier sa voix, ailleurs baillonnée.

Grandes assurément sont les blessures de notre siècle, et cruelles sont ses perplexités. Ce n'est jamais impunément que tant de problèmes sont soulevés à la fois, avant que l'on possède les éléments pour les résoudre. Ce n'est pas nous qui avons brisé ce paradis de cristal, aux reflets d'argent et d'azur, qui a ravi et consolé tant de regards. Mais il est en morceaux; ce qui est brisé est brisé, et jamais un esprit sérieux n'entreprendra la tâche puérile de ramener l'ignorance détruite ou de restaurer l'illusion perdue. Le peuple des grandes villes a perdu presque partout la foi au surnaturel; nous ferions pour la lui rendre le sacrifice de nos convictions et de notre sincérité que nous n'y réussirions pas. Mais le surnaturel particulier, entendu à la façon d'autrefois, n'est pas l'idéal. La cause du surnaturel est compromise. La cause de l'idéal n'est pas atteinte; elle le ne sera jamais. L'idéal reste l'âme du monde, le Dieu permanent, la cause primordiale, effective et finale de cet univers. Voilà la base de la religion éternelle. Pas plus que Spinoza, pour adorer Dieu, nous n'avons besoin de miracles, ni de prières intéressées. Tandis qu'il y aura un fibre dans le cœur humain pour vibrer au son de tout ce qui est vrai, juste et honnête, tandis que l'âme instinctivement pure préférera la pudeur à la vie, qu'il y aura des amis du vrai pour sacrifier leur repos à la science, des amis du bien pour se dévouer aux œuvres utiles et saintes de la miséricorde, des cœurs de femmes pour aimer ce qui est bien, beau et pur, des artistes pour le rendre par des sons, des couleurs, des accents inspirés, Dieu vivra en nous, Messieurs. C'est seulement le jour où l'égoïsme, la bassesse du cœur, l'étroitesse de l'esprit, l'indifférence à la science, le mépris pour les droits de l'homme, l'oubli de ce qui est grand et noble envahiraient le monde, c'est ce jour-là que Dieu ne serait plus dans l'humanité. Mais loin de nous de telles pensées. Nos aspirations, nos souffrances, nos fautes mêmes et nos témérités sont la preuve que l'idéal vit en nous. Oui, la vie humaine est encore quelque chose de divin! Nos négations apparentes ne sont souvent que le scrupule d'esprits timorés qui craignent d'outre-passer ce qu'ils savent. Ils sont un meilleur hommage à la Divinité que l'adoration hypocrite de l'esprit routinier. Dieu est encore en nous, Messieurs, Dieu est en nous! *Est Deus in nobis.*

Inclinons-nous tous ensemble, Messieurs, devant le grand et illustre penseur qui, il y a deux cents ans, prouva mieux que personne, par l'exemple de sa vie et par la puissance, jeune encore aujourd'hui, de ses ouvrages, ce qu'il y a dans de telles pensées de joie spirituelle et d'onction sainte. Faisons, avec Schleiermacher, l'hommage de ce que nous savons produire de plus exquis aux mânes du saint et méconnu Spinoza. « Le sublime esprit du monde le pénétra; l'infini fut son commencement et sa fin, l'universel son unique et éternel amour; vivant dans une sainte innocence et dans une humilité profonde, il se mira dans le monde éternel et il vit que lui aussi était pour le monde un miroir digne d'amour; il fut plein de religion et plein de l'Esprit saint; aussi nous apparaît-il solitaire et non égalé, maître en son art, mais élevé au-dessus du profane, sans disciples et sans droit de bourgeoisie nulle part. »

Ce droit de bourgeoisie, vous aller le lui donner, Messieurs. Votre monument sera le point d'attache de son génie avec la terre. Son âme planera comme un bon génie tutelaire sur les lieux où s'accomplit son rapide voyage parmi les hommes. Malheur à qui en passant enverrait l'injure à cette figure douce et pensive! Il serait puni comme tous les cœurs vulgaires par sa vulgarité même et par son impuissance à comprendre le divin. Lui, de son piédestal de granit, enseignera à tous la voie du bonheur qu'il a trouvé, et, dans les siècles, l'homme cultivé qui passera sur le Pavilioensgracht dira en lui-même: « C'est d'ici peut-être que Dieu a été vu de plus près. »

Que le souvenir de cette fête nous reste à tous une consolation et un cher entrétien.

---

www.ingramcontent.com/pod-product-compliance
Ingram Content Group UK Ltd.
Pitfield, Milton Keynes, MK11 3LW, UK
UKHW032024260826
14628UKWH00006B/2708

9 782019 682323